D3전도중심제자훈련, 양육기초과정 개정판

온가족튼튼양육

THE BASIC SPIRITUAL NURTURING

안창천

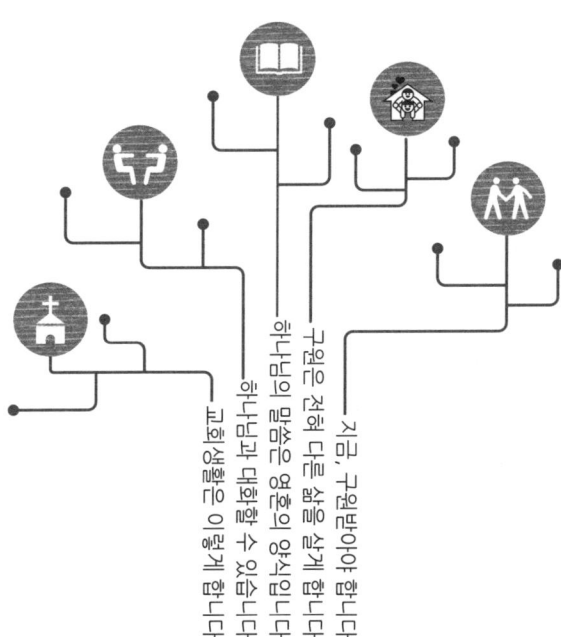

- 지금, 구원받아야 합니다
- 구원은 전혀 다른 삶을 살게 합니다
- 하나님의 말씀은 영혼의 양식입니다
- 하나님과 대화할 수 있습니다
- 교회생활을 이렇게 합니다

믿음이 쑥쑥 자라서 건강하고 행복하게 신앙생활을 할 수 있습니다

D3전도중심제자훈련, 양육기초과정 개정판

온가족튼튼양육

ⓒ 도서출판 우리하나 2017 안창천 지음
초판 1쇄 발행 2008년 8월 25일
초판 12쇄 발행 2016년 4월 16일
개정판 1쇄 발행 2017년 5월 15일
개정판 11쇄 발행 2024년 9월 13일

지 은 이 안창천
펴 낸 이 D3평신도사역연구소
펴 낸 곳 도서출판 우리하나

기　　획 이카림
디 자 인 이진아
책임교정 정혜지
인　　쇄 ㈜키움 Printing
등 록 일 2007년 4월 16일
등록번호 제 313-2007-96호
주　　소 서울시 마포구 독막로 18길 31, 3층 (상수동)
주문전화 02-333-0091
전자메일 pacc9191@daum.net
웹사이트 www.d3.or.kr

ⓒ 저자와의 협약아래 인지는 생략되어 있습니다.
이 출판물은 저작권법에 따라 무단 복제할 수 없습니다.

값 6,000
ISBN 978-89-93476-34-7(03230)

도서출판 우리하나는
'D3전도중심제자훈련'를 적극 지원합니다.

이 도서의 국립중앙도서관 출판예정도서목록(CIP)은
서지정보유통지원시스템 홈페이지(http://seoji.nl.go.kr)와 국가자료공동목록시스템
(http://www.nl.go.kr/kolisnet)에서 이용하실 수 있습니다. (CIP제어번호 : CIP2017009325)

온가족튼튼양육

양육기초과정 등록을 축하합니다

저희와 한 가족이 되어 양육기초과정에 참여하신 분들을 주님의 이름으로 환영하고 축복합니다.

갓난아이가 어미의 젖을 먹고 성장하듯이 예수님을 마음에 모심으로 새 생명을 얻은 성도는 신령한 젖인 하나님의 말씀을 먹어야 합니다. 하나님의 말씀을 먹는 방법에는 여러 가지가 있지만, 갓 믿은 성도는 스스로 말씀을 공부하는 것보다는 먼저 믿은 사람들로부터 배우는 것이 좋습니다.

저희 교회는 갓 믿은 분들의 신앙 성장을 위하여 '온가족튼튼양육'이라는 양육교재를 준비했습니다.

건강하고 행복한 신앙생활을 위해서는 주일예배에 참석하는 것으로 만족하지 말고, 교회가 제공하는 양육훈련에 적극 참여하여 하나님의 말씀을 부지런히 익혀야 합니다.

아무쪼록 이 양육교재를 통하여 예수께서 그리스도이심을 깨닫고 주 안에서 믿음이 쑥쑥 자라게 되기를 주님의 이름으로 축복합니다.

주후   년   월   일

교 회

목 사

☀︎ 3분복음메시지

　혹시 '복음'이라는 말을 들어보셨습니까?
　복음이란 예수께서 우리의 죄를 대신하여 십자가에 못 박혀 죽으시고 부활하셨다는 것입니다. 누구든지 이 복음을 믿으면 구원을 받을 수 있습니다.
　그러나 복음을 믿기 위해서는 먼저 자신이 죄인임을 깨달아야 합니다. 성경은 모든 사람이 죄인이라고 말씀하고 있습니다. 왜 그럴까요? 첫 사람 아담이 하나님께서 금하신 선악과를 먹음으로 죄를 범했는데 모든 사람이 그의 후손으로 태어났기 때문입니다.
　지금까지 자신을 죄인이라고 생각하지 않았는데 갑자기 죄인이라고 인정하는 것은 쉽지 않을 것입니다. 그러나 다음의 네 가지 사실이 OOO님과 무관하지 않다면 죄인이라고 시인해야 합니다.

　첫째로, 두려움은 죄의 결과이므로 OOO님에게 두려움이 있다면 OOO님 역시 죄인입니다.
　둘째로, 미움은 죄의 결과이므로 OOO님이 누군가를 미워하고 있다면 OOO님 역시 죄인입니다.
　셋째로, 고통도 죄의 결과이므로 OOO님에게 고통이 있다면 OOO님 역시 죄인입니다.
　넷째로, 죽음도 죄의 결과인데 OOO님도 죽음을 맞이하게 되므로 OOO님 역시 죄인입니다.

그러나 죄인은 두려움과 죄와 고통 가운데 살다가 죽는 것으로 끝이 아닙니다. 죽은 후에는 반드시 심판을 받아 지옥에 던져져야 합니다. 지옥이 어떤 곳인지 아십니까? 성경은 지옥을 고통이 영원한 곳으로 한 번 들어가면 결코 나올 수 없는 곳이라고 말씀하고 있습니다. 이렇게 죄로 말미암아 죽어야 하고, 죽은 후에는 심판을 받아 지옥에 던져져 영원히 고통을 당해야 하는 것이 모든 사람의 운명인 것입니다.

어떻게 하면 이런 운명에서 벗어날 수 있을까요? 무엇보다도 죄 문제를 해결받아야 합니다. 죄의 삯은 사망이기 때문에 죄 문제를 해결받으려면 누군가 우리의 죄를 대신하여 죽어야 합니다.

그러나 우리는 모두 아담의 후손으로 죄인이기에 다른 사람을 대신하여 죽을 수 없습니다. 그렇기 때문에 예수께서 아담의 후손으로 오시지 않고 동정녀 마리아를 통하여 이 세상에 의인으로 오셔서 우리의 죄를 대신하여 십자가에 못 박혀 죽으시고 부활하신 것입니다. 따라서 예수께서 OOO님의 죄를 대신하여 십자가에 못 박혀 죽으시고 부활하신 사실, 즉 복음을 믿으면 죄 사함을 받고 구원받을 수 있습니다.

이 시간 마음의 문을 여시고 예수께서 OOO님의 죄를 대신하여 십자가에 못 박혀 죽으시고 부활하신 사실을 믿음으로 죄 사함을 받고 구원받으시기를 바랍니다.

갓난 아기들 같이 순전하고 신령한 젖을 사모하라
이는 그로 말미암아 너희로 구원에 이르도록 자라게 하려 함이라
베드로전서 2:2

contents

온가족튼튼양육

환영의 글

3분복음메시지

| 첫 번째 만남 |
지금, 구원받아야 합니다   009

| 두 번째 만남 |
구원은 전혀 다른 삶을 살게 합니다   021

| 세 번째 만남 |
하나님의 말씀은 영혼의 양식입니다   033

| 네 번째 만남 |
하나님과 대화할 수 있습니다   045

| 다섯 번째 만남 |
교회생활은 이렇게 합니다   057

첫 번째 만남
지금, 구원받아야 합니다

'구원'이라는 단어가 성경에 530번이나 등장하듯이 인간은 여러 가지 문제로부터 구원받지 않으면 안 되는 존재입니다. 특별히 성경은 모든 인간이 죄로부터 구원받아야 한다고 주장하고 있습니다(마태복음 1장 21절). 왜냐하면 인간의 모든 불행이 죄로부터 출발했기 때문입니다. 어떻게 하면 죄 문제를 해결받을 수 있을까요? 죄의 삯은 사망이므로 죄 문제를 해결받기 위해서는 누군가가 대신하여 죽어야 합니다. 그러나 모든 사람이 아담의 후손으로 죄인이기 때문에 다른 사람의 죄를 대신하여 죽을 수 없습니다. 그래서 예수께서 아담의 후손으로 오시지 않고 동정녀 마리아를 통하여 이 세상에 오셔서 우리의 죄를 대신하여 십자가에 못 박혀 죽으신 것입니다. 그리고 우리의 죄 때문에 죽으신 것을 증명하시기 위해서 삼 일 만에 살아나신 것입니다. 따라서 누구든지 예수께서 우리의 죄를 대신하여 죽으시고 부활하신 사실, 즉 복음을 믿으면 죄 사함을 받고 구원받을 수 있습니다.

그런데 우리가 구원받기 위해서는 먼저 해야 할 일이 있습니다. 자신이 죄인인 사실을 깨달아야 합니다. 왜 우리가 죄인인지 성경을 통하여 살펴보도록 하겠습니다.

첫 번째 만남
지금, 구원받아야 합니다

Question 1-1

성경은 한 사람도 예외 없이 모든 사람이 죄인이라고 말씀하고 있습니다. 왜 그럴까요?

> 그러므로 한 사람으로 말미암아 죄가 세상에 들어오고 죄로 말미암아 사망이 왔나니 이와 같이 모든 사람이 죄를 지었으므로 사망이 모든 사람에게 이르렀느니라
>
> 로마서 5:12, 참조 로마서 3:10; 시편 14:1-3

💡 **D3포인트**

본문에서 '한 사람'은 첫 사람 아담을 가리킵니다. 하나님께서 모든 인류를 첫 사람 아담의 혈통을 따라 번성하게 하셨는데(사도행전 17:26), 아담이 하나님께서 금하신 선악과를 먹어 죄인이 되었기 때문에 그의 후손으로 태어난 사람은 모두 죄인이 되는 것입니다(대표성의 원리).

Question 1-2

성경은 모든 사람이 아담의 후손이기 때문에 죄인이라고 주장하고 있지만, 혹 자신은 죄인이 아니라고 생각할 수도 있습니다. 성경은 그런 사람에 대하여 어떻게 말씀하고 있을까요?

> 만일 우리가 죄가 없다고 말하면 스스로 속이고 또 진리가 우리 속에 있지 아니할 것이요
>
> 요한일서 1:8

💡 **D3포인트**

성경은 우리가 죄인이 아니라고 말한다면, 이는 스스로 속이는 것이

고 우리 안에 진리가 없는 것이라고 말씀하고 있습니다. 죄인이 아니라고 말하는 당신의 주장이 옳은 것일까요? 아니면 모든 사람이 죄인이라고 말하는 성경의 주장이 옳은 것일까요? 만일 전자의 경우라면 당신은 스스로 자신이 죄인이 아니라는 것을 증명해야 합니다.

Question 1-3

평소 죄인이 아니라고 생각하고 있었는데 별안간 죄인이라고 인정하는 것은 쉽지 않습니다. 그러나 당신에게 아래와 같은 증상이 있다면 죄인이라고 시인해야 합니다. 왜냐하면 아래의 네 가지 증상은 죄인들에게 공통적으로 나타나기 때문입니다.

■ **첫째로, 두려움 속에 살아가고 있습니다.**

이르되 내가 동산에서 하나님의 소리를 듣고 내가 벗었으므로 두려워하여 숨었나이다
창세기 3:10

💡 **D3포인트**

아담이 동산에서 하나님의 음성을 듣고 두려워하여 숨었던 것은 금지된 선악과를 먹음으로 죄를 범했기 때문입니다. 즉 아담이 두려움을 느끼게 된 것은 죄인이 되었기 때문입니다. 당신도 아담의 후손으로 죄인이므로 두려움 속에 살아갈 수밖에 없습니다. 삶 속에서 두려움을 느끼고 있다면, 당신은 죄인임을 시인해야 합니다.

■ **둘째로, 죄 가운데 살아가고 있습니다.**

> 선을 행하고 전혀 죄를 범하지 아니하는 의인은 세상에 없기 때문이로다
>
> 전도서 7:20

💡 D3포인트

성경은 죄를 범치 않는 사람은 하나도 없다고 말씀하고 있습니다. 왜 그럴까요? 모든 사람은 아담의 후손으로 태어난 죄인이기 때문입니다. 행동으로는 죄를 범치 않지만 누군가를 미워하고 시기하고 질투하는 것조차도 죄를 짓는 것이기 때문에 혹 당신이 누군가를 미워하고 시기하고 질투하고 있다면 죄인임을 시인해야 합니다. 성경은 형제를 미워하는 것은 살인죄를 범하는 것과 같다고 말씀하고 있습니다(요한일서 3:15).

■ **셋째로, 고통 가운데 살아가고 있습니다.**

> 아담에게 이르시되 네가 네 아내의 말을 듣고 내가 네게 먹지 말라 한 나무의 열매를 먹었은즉 땅은 너로 말미암아 저주를 받고 너는 네 평생에 수고하여야 그 소산을 먹으리라
>
> 창세기 3:17, 참조 창세기 3:8-19

💡 D3포인트

아담이 저주를 받아 고통을 당하게 된 것은 하나님께서 금하신 선악과를 먹음으로 죄인이 되었기 때문입니다. 마찬가지로 모든 사람이 고통 가운데 살아가는 것은 아담의 후손으로 태어난 죄인이기 때문입니다. 삶 속에서 이런저런 고통을 당하고 있다면, 당신은 죄인이라고 시인해야 합니다.

■ 넷째로, 반드시 한 번은 죽습니다.

선악을 알게 하는 나무의 열매는 먹지 말라 네가 먹는 날에는 반드시 죽으리라 하시니라
창세기 2:17, 참조 로마서 6:23

💡 D3포인트

아담에게 죽음이 찾아온 것은 하나님께서 금하신 선악과를 먹었기 때문입니다. 모든 사람이 죽는 것은 아담의 후손으로 태어난 죄인이기 때문입니다. 질병으로 죽든, 교통사고로 죽든, 각종 재해로 죽든, 자연사로 죽든 모든 죽음의 근본적인 원인은 죄입니다. 당신도 한 번은 반드시 죄 때문에 죽어야 하므로 죄인임을 시인해야 합니다.

🏷 위 네 가지 사실과 무관하지 않다면, 당신은 죄인이라고 시인해야 합니다. 왜냐하면 먼저 자신이 죄인임을 인정하지 않으면 죄로부터 구원받기 위해 아무 것도 하지 않게 되고, 결과적으로 구원받지 못하게 되기 때문입니다. 예수께서 "건강한 자에게는 의사가 쓸 데 없고 병든 자에게라야 쓸 데 있느니라 내가 의인을 부르러 온 것이 아니요 죄인을 부르러 왔노라"(마가복음 2:17)고 말씀하셨듯이, 자신이 죄인임을 깨달아야 구원받을 생각을 하게 되고, 구원받을 수 있는 것입니다. 따라서 당신이 구원받기 위해서 가장 먼저 해야 할 일은 자신이 얼마나 큰 죄인인지를 깨닫는 것입니다.

Question 1-4

죄인은 두려움과 죄와 각종 고통 가운데 살다가 반드시 한 번은 죽습니다. 그런데 단지 죽는 것으로 끝이 아닙니다. 죽은 후에는 심판을

받아 지옥에 던져져야 합니다(히브리서 9:27). 당신은 지옥을 어떤 곳이라고 생각하고 있습니까?

> 만일 네 눈이 너를 범죄하게 하거든 빼버리라 한 눈으로 하나님의 나라에 들어가는 것이 두 눈을 가지고 지옥에 던져지는 것보다 나으니라 거기에서는 구더기도 죽지 않고 불도 꺼지지 아니하느니라 사람마다 불로써 소금 치듯 함을 받으리라
>
> 마가복음 9:47-49

💡 D3포인트

일반적으로 사람들은 죽으면 모든 것이 끝이라 생각하고 지옥의 실재성을 부인합니다. 그러나 성경은 지옥이 반드시 존재하며, 한 번 들어가면 절대로 나올 수 없고, 사탄과 그의 부하들과 죄 문제를 해결받지 못한 사람들이 들어가서 영원히 고통을 당하는 곳이라고 말씀하고 있습니다. 하나님께서는 한 사람도 지옥에 던져져 영원히 고통당하는 것을 원하시지 않습니다.

🏷️ 이처럼 모든 사람은 아담의 후손으로 태어난 죄인이므로 세상에서 두려움과 죄와 각종 고통 가운데 살다가 죽어야 하고, 죽은 후에는 반드시 심판받아 지옥에 던져져 영원히 고통을 당해야 합니다. 어느 누구도 이런 운명에서 벗어날 수 없습니다. 그래서 하나님께서 죄와 사망과 심판과 지옥의 굴레에서 우리를 해방시키시기 위하여 한 길을 예비해 놓으셨는데, 그 길이 바로 예수 그리스도이십니다(요한복음 14:6).

Question 2-1

사람들은 예수께서 어떤 분인지에 대한 각각의 생각을 갖고 있습니다. 당신은 예수님을 어떤 분이라고 생각하고 있습니까?

이르되 더러는 세례 요한, 더러는 엘리야, 어떤 이는 예레미야나 선지자 중의 하나라 하나이다
마태복음 16:14

D3포인트

이 세상에서 예수님만큼 그릇된 평가를 받고 있는 사람은 없습니다. 심지어 예수님과 3년 동안 동고동락한 제자들조차도 예수께서 정확히 어떤 분이신지를 몰랐을 정도입니다. 일반적으로 사람들은 예수님을 4대 성인 중의 한 분, 위대한 선생, 종교지도자 등으로 알고 있지만, 이는 예수님을 부분적으로만 알고 있는 것이지 정확히 알고 있는 것이 아닙니다. 과연 예수님은 어떤 분이실까요? 예수께서는 하나님이시지만, 인류의 죄를 대속하시기 위해 친히 이 세상에 인간의 몸으로 오셔서 우리의 죄를 대신하여 십자가에 못 박혀 죽으시고 부활하신 구원자이십니다(마태복음 1:21, 참조 요한복음 20:28).

Question 2-2

일반적으로 사람들은 예수님을 4대 성인 중의 한 사람으로 생각하지만, 성경은 육신을 입고 이 세상에 오신 하나님이시라고 주장하고 있습니다. 어떤 증거로 예수께서 하나님이신 것을 알 수 있을까요?

백부장과 및 함께 예수를 지키던 자들이 지진과 그 일어난 일들을 보고 심히 두려워하여 이르되 이는 진실로 하나님의 아들이었도다 하더라
마태복음 27:54

💡 D3포인트

여러 가지 증거를 통하여 예수께서 하나님이신 것을 알 수 있습니다. 첫째로, 예수께서 하나님만이 하실 수 있는 일을 행하셨습니다. 즉 죽은 자를 살리시고(요한복음 11:17-44), 폭풍을 잠잠케 하시고(마태복음 8:23-27), 보리 떡 다섯 개와 물고기 두 마리로 오천 명이나 되는 사람들을 먹이시고(마가복음 6:30-44), 십자가에 못 박혀 죽으셨지만 삼 일 만에 다시 살아나셨습니다(마태복음 28:6). 둘째로, 예수께서 자신을 하나님이라고 말씀하셨습니다. 예수께서 "나와 아버지는 하나이니라"(요한복음 10:30)라고 말씀하신 것은 하나님과 자신을 동등시하신 것입니다. 그래서 유대인들이 돌을 들어 예수님을 치려 했던 것입니다. 셋째로, 제자들과 주변의 사람들이 예수님을 하나님이시라고 고백하였습니다(마태복음 27:54; 요한복음 20:28).

Question 2-3

예수께서는 여자의 몸을 통하여 이 세상에 오셨기 때문에 우리와 똑같은 사람입니다. 그런데 이 세상 사람들과는 전혀 다르게 오셨습니다. 즉 남녀의 성적인 관계를 통하여 오시지 않고 동정녀 마리아를 통하여 오셨습니다(마태복음 1:18). 왜 예수께서 그렇게 탄생하셨을까요?

> 예수 그리스도의 나심은 이러하니라 그의 어머니 마리아가 요셉과 약혼하고 동거하기 전에 성령으로 잉태된 것이 나타났더니   마태복음 1:18

💡 D3포인트

예수께서 아담의 후손으로 탄생하시면 그분도 죄인이 되므로 우리의 죄를 대신하여 죽으실 수 없기 때문입니다. 오직 예수께서 우리의 죄를 대속하실 수 있는 것은 아담의 후손으로 오신 죄인이 아니라, 성령으로 동정녀 마리아를 통하여 오신 의인이시기 때문입니다.

> **Question 2-4**
>
> 예수께서는 아무 죄가 없으셨지만 로마 군병들에게 채찍질을 당하시고 십자가에 못 박혀 죽으셨습니다. 왜 의인이신 예수께서 그렇게 처참히 죽으셨을까요?

> 그가 찔림은 우리의 허물 때문이요 그가 상함은 우리의 죄악 때문이라 그가 징계를 받으므로 우리는 평화를 누리고 그가 채찍에 맞으므로 우리는 나음을 받았도다
> 이사야 53:5

💡 **D3포인트**

의인이신 예수께서 십자가에 못 박혀 죽으신 것은 우리의 죄를 대속하시기 위한 것입니다. 예수께서 십자가에 못 박혀 죽으시지 않았다면 우리는 영원히 죄 문제를 해결받을 수 없습니다. 세상에 이보다 더 큰 사랑은 없습니다. 이 세상에 죄인을 위하여 목숨을 내줄 자가 어디 있습니까? 예수께서 우리의 죄를 대신하여 십자가에 못 박혀 죽으신 것은 하나님께서 우리를 얼마나 사랑하시는지를 보여주신 것입니다(로마서 5:8).

> **Question 2-5**
>
> 성경은 예수께서 우리의 죄를 대신하여 십자가에 못 박혀 죽으셨다고 말씀하고 있습니다(로마서 4:25). 그런데 예수께서 십자가에 못 박

혀 죽으신 것이 그분의 죄 때문인지 우리의 죄 때문인지 어떻게 알 수 있을까요?

그리스도께서 다시 살아나신 일이 없으면 너희의 믿음도 헛되고 너희가 여전히 죄 가운데 있을 것이요
고린도전서 15:17

💡 D3포인트

예수께서 십자가에 못 박혀 죽으셨지만 다시 살아나신 것을 통하여 알 수 있습니다. 즉 부활을 통하여 알 수 있습니다. 왜냐하면 예수께서 십자가에 못 박혀 돌아가시기 전 제자들에게 "내가 너희들의 죄를 대속하기 위하여 십자가에 못 박혀 죽지만 죽은 지 삼 일 만에 다시 살아날 것이다"라고 말씀하셨는데, 말씀하신 대로 다시 살아나셨기 때문입니다.

✍ 예수께서 이처럼 우리의 죄를 대신하여 십자가에 못 박혀 죽으시고 부활하심으로 우리의 죄 문제를 완벽하게 해결해 주셨습니다. 그런데 가만히 있어도 자동적으로 죄 문제가 해결되는 것이 아닙니다. 어떻게 하면 죄 문제를 해결받을 수 있을까요?

Question 3-1

진심으로 회개해야 합니다.

그러므로 너희가 회개하고 돌이켜 너희 죄 없이 함을 받으라 이같이 하면 새롭게 되는 날이 주 앞으로부터 이를 것이요
사도행전 3:19

💡 **D3포인트**

예수님을 믿기 위해서는 먼저 자신의 죄를 회개해야 합니다. 왜냐하면 하나님께서는 죄 있는 상태로는 우리를 받아주시지 않기 때문입니다. 회개란 가던 길을 돌이키는 것입니다. 그동안 잘못 살아온 것을 깨닫고, 마음으로 아파하며, 의지적으로 주님께로 돌아가야 합니다. 그동안 잘못 살아온 것을 진심으로 회개하십니까?

Question 3-2
복음을 믿어야 합니다.

이르시되 때가 찼고 하나님의 나라가 가까이 왔으니 회개하고 복음을 믿으라 하시더라
마가복음 1:15, 참조 요한복음 1:12

💡 **D3포인트**

복음을 믿는다는 것은 예수께서 우리의 죄를 위하여 십자가에 못 박혀 죽으시고 부활하신 사실을 믿는다는 것입니다. 예수께서 당신의 죄 때문에 십자가에 못 박혀 죽으시고 다시 살아나신 사실을 진심으로 믿으시겠습니까?

Question 3-3
예수님을 자신의 주로 시인해야 합니다.

네가 만일 네 입으로 예수를 주로 시인하며 또 하나님께서 그를 죽은 자 가운

데서 살리신 것을 네 마음에 믿으면 구원을 받으리라 사람이 마음으로 믿어 의에 이르고 입으로 시인하여 구원에 이르느니라

로마서 10:9-10

💡 D3포인트

예수께서 십자가에 못 박혀 죽으시고 부활하신 사실을 믿을 뿐 아니라 한 걸음 더 나아가 예수께서 자신의 주라고 시인해야 합니다. 예수님을 자신의 주라고 시인하는 것은 지금까지는 자신이 인생의 주인인 줄 알고 살았지만 이제부터는 예수님을 주인으로 모시고 살겠다고 고백하는 것입니다. 다음과 같이 고백하시겠습니까? "예수님! 당신은 저의 주인이십니다."

진심으로 자신의 죄를 회개하고, 예수께서 자신의 죄를 대신하여 십자가에 못 박혀 죽으시고 부활하신 사실을 믿으며, 입으로 예수님을 주로 시인했다면, 당신은 이미 죄 사함을 받아 하나님의 자녀가 된 것입니다. 따라서 하나님 아버지께 다음과 같이 기도를 드릴 수 있습니다.

"저의 죄를 사해 주시고 하나님의 자녀로 삼아 주심을 감사드립니다. 주님께서 저의 주인이시오니 이제부터 저의 생각과 뜻이 아니라, 오직 주님의 뜻대로 살아가게 하시고 특별히 복음을 증거하는 삶을 살아가도록 인도하여 주시옵소서. 우리 주 예수 그리스도의 이름으로 기도드리옵나이다. 아멘."

두 번째 만남
구원은 전혀 다른 삶을 살게 합니다

첫 번째 만남에서 예수님을 믿으면 죄 사함을 받아 하나님의 자녀가 될 뿐 아니라, 죽은 후에는 심판을 받지 않고 지옥에 던져지지 않는다는 사실을 알게 되었습니다. 그런데 구원받은 자는 이런 복만 받는 것이 아닙니다. 하나님의 자녀로서 이전과는 전혀 다른 삶을 살아갑니다. 구체적으로 어떤 삶을 살아갈 수 있을까요?

첫째로, 새 사람으로 살아갈 수 있습니다.
둘째로, 진짜 행복한 삶을 살아갈 수 있습니다.
셋째로, 하나님 자녀의 권리를 행사하며 살아갈 수 있습니다.
넷째로, 가장 존귀한 자로 살아갈 수 있습니다.
다섯째로, 주께서 함께 하시는 표적을 경험하며 살아갈 수 있습니다.

두 번째 만남
구원은 전혀 다른 삶을 살게 합니다

1. 새 사람으로 살아갈 수 있습니다.

Question 1-1

당신은 이미 새 사람이 되었습니다. 어떻게 새 사람이 되었는지 설명해 보세요.

> 그런즉 누구든지 그리스도 안에 있으면 새로운 피조물이라 이전 것은 지나갔으니 보라 새것이 되었도다
> 고린도후서 5:17

D3포인트

당신이 새 사람이 된 것은 '그리스도 안'에 있기 때문입니다. '그리스도 안'에 있다는 말은 아담의 족보에서 예수 그리스도의 족보로 바뀌었다는 것입니다. 어떻게 당신의 족보가 바뀌게 되었습니까? 예수께서 당신의 죄를 대신하여 십자가에 못 박혀 죽으시고 부활하신 사실을 믿었기 때문입니다. 즉 당신의 족보가 바뀌어서 새 사람이 된 것은 선행이 아니라 믿음 때문입니다.

Question 1-2

모든 그리스도인은 새 사람이 되었기 때문에 당연히 새로운 삶을 살아가야 합니다. 그런데 실제로 그렇게 살아가는 그리스도인은 많지 않습니다. 왜 그럴까요?

> 새 사람을 입었으니 이는 자기를 창조하신 자의 형상을 따라 지식에까지 새롭게 하심을 입은 자니라
> 골로새서 3:10

💡 **D3포인트**

자신이 새 사람이 되었다는 것이 무엇을 의미하는지 제대로 모르기 때문입니다. 새 사람은 '지식에까지 새롭게 하심을 입은 자'입니다. 옛 사람은 이 세상의 것을 가장 중요하게 생각하고 살았던 자였지만, 새 사람은 이 세상의 것보다 하나님 나라의 것을 더 중요하게 생각하고 살아가는 자입니다. 예수님을 믿고 구원받았지만 자신의 가치관에 변화가 일어났음을 온전히 깨닫지 않으면 새로운 삶을 살아갈 수 없습니다. 새로운 삶은 자신의 가치관에 변화가 일어났다는 것을 깨닫는 데서 시작됩니다.

Question 1-3

새 사람은 먼저 무엇을 추구해야 할까요?

> 그런즉 너희는 먼저 그의 나라와 그의 의를 구하라 그리하면 이 모든 것을 너희에게 더하시리라
>
> 마태복음 6:33, 참조 골로새서 3:1-2

💡 **D3포인트**

먼저 하나님의 나라와 하나님의 의를 추구해야 합니다. '하나님의 나라'를 구하라는 말은 하나님의 통치를 받는 삶을 추구하라는 뜻이고, '하나님의 의'를 구하라는 말은 하나님과 바른 관계를 맺는 삶을 추구하라는 뜻입니다. 과거에는 육신의 정욕대로 살았지만, 이제는 먼저 하나님의 통치와 하나님과의 바른 관계를 추구해야 합니다.

2. 진짜 행복한 삶을 살아갈 수 있습니다.

> **Question 2-1**
> 성경은 이스라엘을 향하여 "너는 행복한 사람이로다"라고 말씀하고 있습니다(신명기 33:29). 그런데 우리는 그들과 비교할 수 없을 정도로 더 행복한 자입니다. 왜 그럴까요?

그러므로 이제 그리스도 예수 안에 있는 자에게는 결코 정죄함이 없나니 이는 그리스도 예수 안에 있는 생명의 성령의 법이 죄와 사망의 법에서 너를 해방하였음이라
로마서 8:1-2, 참조 로마서 4:6-8

💡 D3포인트

우리가 죄와 사망의 법에서 영원히 해방되었기 때문입니다. 이스라엘이 애굽에서 해방된 것은 일시적이지만, 우리가 죄와 사망과 심판과 지옥의 굴레에서 해방된 것은 영원한 것입니다. 우리는 영원히 죄와 사망의 법에서 해방을 받았기에 세상에서 가장 행복한 자라는 사실을 알아야 합니다.

> **Question 2-2**
> 사람들이 세상에서 부귀와 영화를 누리는 모습을 보면 언뜻 행복한 것처럼 보입니다. 그런데 실상은 신기루에 불과하다는 것을 알아야 합니다. 왜 그럴까요?

이 세상도, 그 정욕도 지나가되 오직 하나님의 뜻을 행하는 자는 영원히 거하느니라
요한일서 2:17

💡 D3포인트

세상에 있는 모든 것은 언젠가는 지나가고 사라지기 때문입니다. 진짜와 가짜의 구분은 '불변성'에 달려 있습니다. 진짜는 변하지 않지만 가짜는 변합니다. 그런데 이 세상의 모든 것은 변하므로 세상에서 누리는 부귀와 영화는 진짜가 아니라 가짜입니다. 따라서 비신자가 이 세상에서 잠시 누리는 부귀와 영화를 부러워하지 말아야 합니다(시편 37:1-11). 왜냐하면 그들은 죽은 후 반드시 심판받아 지옥에 던져져 영원히 고통을 당해야 하는 불쌍한 자들이기 때문입니다.

Question 2-3

우리가 신앙생활을 잘해도 이 세상에서 살아가는 동안에는 각종 문제로 고통을 당할 수 있습니다. 그래도 절대로 신앙이 흔들리거나 절망하지 말아야 합니다. 왜 그럴까요?

> … 하나님이 그들과 함께 계시리니 그들은 하나님의 백성이 되고 하나님은 친히 그들과 함께 계셔서 모든 눈물을 그 눈에서 닦아 주시니 다시는 사망이 없고 애통하는 것이나 곡하는 것이나 아픈 것이 다시 있지 아니하리니 처음 것들이 다 지나갔음이러라
>
> 요한계시록 21:3-4

💡 D3포인트

하나님께서 우리를 위하여 눈물과 사망과 애통하는 것과 곡하는 것과 아픈 것이 없는 천국을 예비해 놓으셨기 때문입니다. 장차 우리는 천국에 들어가 하나님과 함께 영생복락을 누릴 것입니다. 이 소망을 붙잡으면 이 세상의 행복이나 불행에 의해 좌우되지 않는 삶을 살아갈 수 있습니다. 다음과 같이 외쳐볼까요? "나는 진짜 행복한 사람입니다."

두 번째 만남
구원은 전혀 다른 삶을 살게 합니다

3. 하나님 자녀의 권리를 행사하며 살아갈 수 있습니다.

> **Question 3-1**
>
> 하나님의 자녀는 당연히 자녀로서의 권리를 행사할 수 있습니다. 그런데 그렇게 하려면 먼저 자신이 하나님의 자녀라는 확신을 가져야 합니다. 당신은 어떻게 하나님의 자녀가 되었습니까?

영접하는 자 곧 그 이름을 믿는 자들에게는 하나님의 자녀가 되는 권세를 주셨으니
요한복음 1:12

💡 **D3포인트**

혈육관계가 아닐지라도 입양을 통하여 법적으로 친자관계를 맺을 수 있듯이, 하나님의 자녀가 아닌 자도 얼마든지 하나님과 친자관계를 맺을 수 있습니다(에베소서 1:5). 어떻게 하면 하나님의 자녀가 될 수 있을까요? 오직 예수께서 우리의 죄를 대신하여 십자가에 못 박혀 죽으시고 부활하신 사실, 즉 복음을 믿으면 됩니다. 당신이 복음을 믿고 있다면 이미 하나님의 자녀가 된 것입니다.

> **Question 3-2**
>
> 모든 신분에는 그에 따르는 권리가 있듯이 하나님의 자녀도 그에 따르는 권리를 갖습니다. 하나님의 자녀는 어떤 권리를 가지고 있을까요?

너희는 다시 무서워하는 종의 영을 받지 아니하고 양자의 영을 받았으므로 우리가 아빠 아버지라고 부르짖느니라
로마서 8:15

> 자녀이면 또한 상속자 곧 하나님의 상속자요 그리스도와 함께 한 상속자니 우리가 그와 함께 영광을 받기 위하여 고난도 함께 받아야 할 것이니라
>
> 로마서 8:17

💡 D3포인트

육신의 자녀가 부모에게 '양육청구권'과 '재산상속권'을 가지고 있듯이, 하나님의 자녀도 영의 아버지이신 하나님께 '양육청구권'과 '재산상속권'을 가지고 있습니다. 따라서 이 세상에서 살아가는 동안 필요한 모든 것을 하나님 아버지께 요청할 권리가 있을 뿐 아니라, 장차 천국을 상속받을 권리를 갖고 있음을 알아야 합니다.

Question 3-3

하나님께서 그의 자녀에게 '양육청구권'과 '재산상속권'을 주신 것은 이 세상에서 살아가는 동안 그것들을 행사하도록 하기 위해서입니다. 어떻게 두 권리를 사용할 수 있을까요?

> 환난 날에 나를 부르라 내가 너를 건지리니 네가 나를 영화롭게 하리로다
>
> 시편 50:15, 참조 누가복음 18:7

> 너희는 마음에 근심하지 말라 하나님을 믿으니 또 나를 믿으라 내 아버지 집에 거할 곳이 많도다 그렇지 않으면 너희에게 일렀으리라 내가 너희를 위하여 거처를 예비하러 가노니 가서 너희를 위하여 거처를 예비하면 내가 다시 와서 너희를 내게로 영접하여 나 있는 곳에 너희도 있게 하리라
>
> 요한복음 14:1-3

💡 D3포인트

첫째로, '양육청구권'은 기도를 통하여 사용합니다. 갓난아이가 울면

부모가 모든 문제를 해결해 주듯이, 기도하면 하나님께서 각종 문제를 해결해 주십니다. 둘째로, '재산상속권'은 두 가지로 사용할 수 있습니다. 즉 죽은 후에는 천국에 들어가고, 살아생전에는 장차 천국에 들어가리라는 소망을 갖고 살아갈 수 있습니다. 모든 그리스도인은 이 소망으로 살아가야 합니다.

4. 가장 존귀한 자로 살아갈 수 있습니다.

Question 4-1

하나님께서는 성부, 성자, 성령 삼위로 존재하시므로 성령께서는 곧 하나님이십니다. 그런데 성령께서 어디에 계실까요?

> 그는 진리의 영이라 … 그는 너희와 함께 거하심이요 또 너희 속에 계시겠음이라
> 요한복음 14:17

💡 D3포인트

본문에서 '그'는 성령을 가리킵니다. 성령께서는 예수님을 영접하는 순간 우리 안에 거하십니다(요한일서 4:13). 따라서 성령께서는 이미 믿은 신자뿐 아니라, 갓 믿은 신자 안에도 거하십니다. 성령께서 우리 안에 거하신다는 것은 항상 하나님께서 우리와 함께 하신다는 의미입니다.

Question 4-2

성령께서 우리 안에 거하시므로 우리 몸은 하나님께서 거하시는 성

전이 됩니다(고린도전서 3:16). 우리가 하나님의 성전이라는 것은 어떤 의미를 지닐까요?

너희는 너희가 하나님의 성전인 것과 하나님의 성령이 너희 안에 계시는 것을 알지 못하느냐
고린도전서 3:16, 참조 요한복음 14:17

💡 D3포인트
그릇의 가치는 그 안에 무엇을 담느냐에 의해 결정되듯이, 사람의 가치도 그 안에 무엇을 담고 있느냐에 의해 결정됩니다. 그런데 우리는 성령 하나님을 모신 자들이기 때문에 이루 말할 수 없이 가치 있는 자입니다. 우리는 성령님을 모시고 있기에 이 세상에서 가장 소중한 자입니다.

Question 4-3
우리는 세상에서 가장 소중하기 때문에 자신의 몸을 마음대로 다뤄서는 안 됩니다. 어떻게 관리해야 할까요?

너희 몸은 너희가 하나님께로부터 받은 바 너희 가운데 계신 성령의 전인 줄을 알지 못하느냐 너희는 너희 자신의 것이 아니라 값으로 산 것이 되었으니 그런즉 너희 몸으로 하나님께 영광을 돌리라
고린도전서 6:19-20

💡 D3포인트
우리의 몸을 우리 마음대로 사용하지 말고, 오직 하나님의 영광을 위해서 사용해야 합니다. 항상 거룩하게 생각하고, 음행을 삼가며, 술과 담배를 즐기지 말고, 문신과 마약을 하지 말고, 해로운 음식을 섭

취하지 말며, 아무리 어렵다 할지라도 자살을 생각하거나, 자해행위를 하지 말아야 합니다.

5. 주께서 함께 하시는 표적을 경험하며 살아갈 수 있습니다.

Question 5-1

전능하신 하나님의 자녀이므로 우리가 하나님의 능력을 행하는 것은 지극히 당연합니다. 성경은 우리가 어떤 능력을 행한다고 말씀하고 있을까요?

> 믿는 자들에게는 이런 표적이 따르리니 곧 저희가 내 이름으로 귀신을 쫓아내며 새 방언을 말하며 뱀을 집으며 무슨 독을 마실지라도 해를 받지 아니하며 병든 사람에게 손을 얹은즉 나으리라 하시더라 마가복음 16:17-18

💡 D3포인트

성경은 믿는 자들에게 예수님의 이름으로 귀신을 쫓아내고, 새 방언을 말하고, 뱀을 집고, 무슨 독을 마실지라도 해를 받지 아니하고, 병든 사람에게 손을 얹으면 낫는 등 각종 표적이 따른다고 약속하고 있습니다. '믿는 자들'에는 기신자뿐 아니라 새신자도 포함되기 때문에 갓 믿은 신자도 하나님의 능력을 행할 수 있습니다. 심지어 예수께서는 자신이 하신 일보다 더 큰일도 할 수 있다고 말씀하셨습니다(요한복음 14:12).

Question 5-2

예수님을 믿는다고 자동적으로 하나님의 능력을 행할 수 있는 것은 아닙니다. 어떻게 하면 하나님의 능력을 행할 수 있을까요?

제자들이 나가 두루 전파할새 주께서 함께 역사하사 그 따르는 표적으로 말씀을 확실히 증언하시니라
마가복음 16:20

💡 D3포인트

"믿는 자들에게는 이런 표적이 따르리니"라는 약속은 "온 천하에 다니며 만민에게 복음을 전파하라"는 명령과 함께 주어진 것입니다. 즉 우리가 복음을 전하라는 명령에 순종할 때에 하나님의 능력을 경험할 수 있습니다. 갓 믿은 신자도 복음을 전파하면 하나님의 능력을 행할 수 있습니다.

Question 5-3

우리가 하나님의 능력을 행하면 어떤 유익이 있을까요?

사도들의 손을 통하여 민간에 표적과 기사가 많이 일어나매 믿는 사람이 다 마음을 같이 하여 솔로몬 행각에 모이고 그 나머지는 감히 그들과 상종하는 사람이 없으나 백성이 칭송하더라 믿고 주께로 나아오는 자가 더 많으니 남녀의 큰 무리더라
사도행전 5:12-14, 참조 사도행전 8:4-8; 마가복음 16:20

💡 D3포인트

다양한 면에서 유익합니다. 첫째로, 하나님의 능력을 행한 자는 믿

음이 급속히 성장할 뿐 아니라 견고하게 됩니다. 둘째로, 이를 본 비신자들은 하나님께서 살아 계신다는 것을 깨닫고 예수님을 영접하여 구원을 받게 됩니다. 셋째로, 교회적으로는 성도들이 한마음을 가질뿐더러 교인 수가 증대되어 부흥을 가져오게 됩니다. 넷째로, 하나님께서는 세상 사람들이 성도들을 칭찬하는 것으로 인하여 영광을 받으십니다. 따라서 갓 믿은 신자일지라도 주께서 함께 하시는 표적을 경험하는 삶을 살아가야 합니다.

세 번째 만남
하나님의 말씀은 영혼의 양식입니다

　성경은 하나님의 뜻과 생각을 기록한 '하나님의 말씀'으로, 거듭난 새 생명과는 불가분의 관계에 있습니다. 왜냐하면 우리가 하나님의 말씀으로 거듭났을 뿐 아니라(벧전 1:23), 날마다 섭취해야 할 영혼의 양식이기 때문입니다(벧전 2:2). 사람이 음식을 제대로 먹지 않으면 건강을 유지할 수 없듯이, 새 생명도 영의 양식인 하나님의 말씀을 온전히 섭취하지 않으면 자랄 수 없고, 영적인 건강을 유지할 수 없습니다. 성경은 예배시간에만 잠시 보는 책이 아니라 당신과 늘 함께 하는 동반자임을 알아야 합니다.

세 번째 만남
하나님의 말씀은 영혼의 양식입니다

> **Question 1**
> 성경은 인간의 언어로 기록되었지만 하나님의 뜻과 생각을 기록한 하나님의 말씀입니다. 그런 사실을 어떻게 알 수 있을까요?

■ **첫째로, 성경 스스로 하나님의 말씀이라고 증거하고 있기 때문입니다.**

💡 **D3포인트**

성경에는 '하나님께서 이르시되' 혹은 '주님께서 이르시되'라는 표현이 수없이 등장합니다(창세기 1:3, 6, 9, 11; 7:1; 12:1 등). 만일 성경이 하나님의 말씀이 아니라면 '하나님께서 이르시되' 혹은 '주께서 이르시되' 등과 같은 표현을 사용할 수 없습니다. 그런데 성경에 이런 표현이 자주 등장하고 있다는 것은 성경이 하나님의 말씀이라는 사실을 증거하는 것입니다.

■ **둘째로, 수많은 사람들이 성경을 없애려고 했지만 지금까지도 보존되어 있기 때문입니다.**

💡 **D3포인트**

성경은 이 세상에서 가장 많이 사랑을 받지만, 동시에 가장 많은 핍박을 받기도 하는 책입니다. 역사 이래 성경처럼 혹독히 핍박을 받은 책은 없습니다. 심지어 절대 권력을 가졌던 로마의 디오클레티안 황제는 "모든 성경을 불태워버리라"라고 명령했을 정도입니다. 그런데 성경은 지금까지 보존되어 있을 뿐만 아니라 수많은 사람들에게 읽혀지고 있습니다. 어떻게 그것이 가능할까요? 성경이 영원하신 하나님의 말씀이기 때문입니다(마태복음 24:35).

- 셋째로, 성경 66권 모두 한 가지 주제, 즉 예수께서 그리스도이심을 주장하고 있기 때문입니다.

💡 D3포인트

　신구약 성경은 한두 사람이 아닌 수십 명의 저자들에 의해 오랜 기간에 걸쳐 기록되었지만, 모든 곳에서 예수께서 그리스도이심을 주장하고 있습니다. 성경의 저자들은 대부분 서로를 알지 못했고, 동시대나 같은 지역에 살지도 않았고, 편집회의를 열어서 주제를 통일시키자고 합의를 하지도 않았습니다. 그럼에도 불구하고 신구약 성경 모두 한 가지 주제를 이야기하고 있는 것은 성경이 곧 하나님의 말씀이라는 증거입니다.

- 넷째로, 성경의 모든 예언이 하나도 빠짐없이 약속하신 대로 성취되었기 때문입니다.

💡 D3포인트

　성경에는 예수님과 관련된 각기 다른 예언이 300여 개나 등장하는데 하나도 빠짐없이 성취되었습니다. 예를 들면, 예수께서 여자의 후손으로 오실 것이라는 예언대로(창세기 3:15) 여자의 후손으로 오셨고(갈라디아서 4:4-5), 처녀가 잉태하여 아들을 낳을 것이라는 예언대로(이사야 7:14) 동정녀 마리아에게서 나셨고(누가복음 1:27), 베들레헴에서 탄생할 것이라는 예언대로(미가서 5:2) 베들레헴에서 탄생하셨습니다(마태복음 2:1). 그리고 죽으시고 부활하실 것이라는 예언대로(참조, 사도행전

13:34) 죽은 자 가운데서 다시 살아나셨습니다(마태복음 28:6). 오직 다시 오신다는 예언만 아직 성취되지 않았는데, 그것도 때가 되면 반드시 성취될 것입니다(사도행전 1:11). 이처럼 성경의 모든 예언이 그대로 성취된다는 것은 성경이 곧 하나님의 말씀이라는 증거입니다.

- 다섯째로, 하나님의 말씀을 통하여 전능하신 하나님의 능력이 드러나기 때문입니다.

D3포인트
성경은 전능하신 하나님의 말씀이기 때문에 하나님의 말씀을 믿고 순종하면 기적이 일어납니다. 예를 들어, 복음의 말씀을 믿으면 죄인이 의인이 되고(로마서 1:16-17), 마귀의 자녀가 하나님의 자녀가 되고(요한복음 1:12, 8:44), 옛 사람이 새 사람이 됩니다(고린도후서 5:17). 또한 하나님의 말씀을 믿고 기도하면 불치의 병이 고침받고(베드로전서 2:24), 죽은 자가 살아나고(요한복음 11:40, 참조 로마서 4:17), 각종 기적이 일어납니다(마가복음 9:23). 이처럼 성경대로 순종하면 오직 하나님께서 행하실 수 있는 각종 능력과 기적이 나타나는 것은 성경이 곧 하나님의 말씀이라는 증거입니다.

Question 2
성경은 누가, 언제, 어디서, 무엇에, 무슨 언어로 기록하였을까요?

D3포인트
누가: 성경은 성령의 감동을 받은 사람들이 기록하였습니다(베드로후

서 1:21). 성경이 성령의 감동으로 기록되었다는 것은 성령께서 성경을 쓴 사람들의 배후에서 역사하셔서 하나도 빠짐없이 완전하게 기록하셨다는 말입니다. 그래서 성경은 한 치의 오류도 없습니다. 또한 성경은 성령의 감동으로 기록되었기 때문에 성령의 도움을 받지 않으면 올바로 깨달을 수 없습니다.

언제: 성경은 특정한 날짜와 짧은 기간에 기록되지 않았습니다. 구약은 약 1500년간, 신약은 약 100년간 기록되었습니다. 즉 성경은 주전 1500년부터 시작하여 주후 100년경까지 약 1600년이란 오랜 기간에 걸쳐 기록된 책입니다.

어디서: 성경은 한 장소에서 기록되지 않았습니다. 40여 명의 저자들이 각각 그들이 처한 곳에서 기록했습니다. 구약성경은 광야, 가나안, 유다, 예루살렘, 바벨론 등에서 기록하였고, 신약성경은 로마, 고린도, 마케도냐, 에베소 등에서 기록했습니다.

무엇에: 구약은 동물의 가죽에 기록하였고, 성경은 양의 껍질인 양피지나 소의 껍질인 우피지, 그리고 파피루스라는 초목으로 만들어진 종이에 기록하였습니다. 현재 원본은 없고 사본만 보존하고 있으며 계속해서 번역 작업이 이루어지고 있습니다. 현재 우리가 사용하고 있는 성경은 대부분 개역개정판입니다.

언어: 성경은 세 가지 언어로 쓰였습니다. 구약성경은 히브리어가 대부분이지만 그중 일부는 아람어로 기록되었고(예를 들면 다니엘 2:4-7:28, 에스라 4:8-6:18, 7:12-26, 예레미야 10:11 등), 신약성경은 헬라어로 기록되었습니다.

Question 3

성경은 크게 구약성경과 신약성경으로 나뉩니다. 성경을 이와 같이 구분하는 기준은 무엇일까요?

💡 D3포인트

　예수님 탄생 이전의 사건을 기록한 책은 구약성경이고, 그 후의 사건을 기록한 책은 신약성경입니다. 즉 예수님의 탄생을 기점으로 구약과 신약으로 나뉩니다. 역사도 예수님의 탄생을 기점으로 기원전(주전)과 기원후(주후)로 나뉩니다. 역사는 영어로 '예수님의 이야기'라는 뜻을 갖고 있으며, 기원전은 B.C.(Before Christ)로 표시하는데 이는 '그리스도 이전'이라는 뜻이고, 기원후는 A.D.(Anno Domini)로 표시하는데 이는 '그리스도의 해'라는 뜻입니다.

Question 4

　성경은 구약 39권(929장), 신약 27권(260장)으로 모두 66권(1189장)이며 총 31,173구절로 구성되어 있습니다. 그런데 신구약성경은 각각 어떻게 구성되어 있고, 어떤 내용을 담고 있을까요?

💡 D3포인트

　아래 도표를 통하여 신구약성경이 어떻게 구성되어 있고, 어떤 내용을 담고 있는지를 한눈에 파악할 수 있습니다.

구약성경(39권)			신약성경(27권)		
율법서	모세의 율법	5권	복음서	예수의 생애와 사역	4권
역사서	구약의 역사	12권	역사서	교회의 역사	1권
시가서	문학작품	5권	서신서	교회에 보낸 편지	21권
예언서	선지자들의 글	17권	예언서	종말의 예언	1권

Question 5

예수께서 유대인들에게 "너희가 성경에서 영생을 얻는 줄 생각하고 성경을 연구하거니와 이 성경이 곧 내게 대하여 증언하는 것이니라"(요한복음 5:39)고 말씀하셨습니다. 당시는 신약성경이 없었으므로 예수께서 말씀하신 성경은 구약성경입니다. 즉 구약성경은 모두 예수님을 증거하고 있습니다. 또한 신약성경 역시 모두 예수님을 증거하고 있습니다. 따라서 신구약성경 모두 무엇을 증거하고 있음을 알 수 있을까요?

💡 D3포인트

신구약성경 모두 예수님에 대하여 증거한다는 것을 알 수 있습니다. 겉으로 구약성경은 모세의 율법과 구약의 역사와 문학작품과 선지자의 글을 기록하고, 신약성경은 단순히 예수의 생애와 사역과 교회의 역사와 교회에 보낸 편지 내용과 종말에 관한 예언을 기록하고 있는 것처럼 보이지만, 사실은 예수께서 그리스도이심을 증거하고 있습니다.

Question 6

모든 책을 기록한 목적이 있듯이 성경을 기록한 목적 또한 있습니다. 어떤 목적을 갖고 기록했을까요?

■ **첫째로, 성경은 구원 얻는 길을 알려주는 '구원교과서'입니다.**

너희는 그 은혜에 의하여 믿음으로 말미암아 구원을 받았으니 이것은 너희에게서 난 것이 아니요 하나님의 선물이라 행위에서 난 것이 아니니 이는 누구든지 자랑하지 못하게 함이라
에베소서 2:8-9, 참조 디모데후서 3:15

세 번째 만남
하나님의 말씀은 영혼의 양식입니다

💡 **D3포인트**

성경은 어떻게 구원을 받는다고 가르치고 있습니까? 우리의 착한 행실이 아니라 예수 그리스도를 믿는 믿음으로 구원을 받는다고 가르치고 있습니다. 성경은 구원을 얻는 데 믿음 외에 다른 것을 요구하지 않습니다.

■ **둘째로, 성경은 하나님의 자녀가 어떻게 살아야 할지를 가르쳐주는 '신앙지침서'입니다.**

> 모든 성경은 하나님의 감동으로 된 것으로 교훈과 책망과 바르게 함과 의로 교육하기에 유익하니 이는 하나님의 사람으로 온전하게 하며 모든 선한 일을 행할 능력을 갖추게 하려 함이라
> 디모데후서 3:16-17

💡 **D3포인트**

성경은 하나님의 자녀가 해야 할 것과 하지 말아야 할 것, 가야 할 길과 가지 말아야 할 길을 가르쳐주고 있습니다. 시편기자는 "주의 말씀은 내 발에 등이요 내 길에 빛이니이다"(시편 119:105)라고 고백하고 있습니다. 날마다 말씀의 인도를 받으면 하나님의 뜻대로 살아갈 수 있습니다(잠언 6:23).

■ **셋째로, 성경은 영원히 성공하는 법을 가르쳐주는 '성공지침서'입니다.**

> 이 율법책을 네 입에서 떠나지 말게 하며 주야로 그것을 묵상하여 그 안에 기록된 대로 다 지켜 행하라 그리하면 네 길이 평탄하게 될 것이며 네가 형통하리라
> 여호수아 1:8

💡 D3포인트

사람은 누구나 인생에서 성공하고 싶어 합니다. 그런데 인생의 성공은 개인의 능력이나 처세술에 달려 있지 않고, 하나님의 말씀에 순종하느냐 불순종하느냐에 달려 있습니다. 따라서 인생의 집을 말씀 위에 세우지 않는 것은 모래성을 쌓은 것과 같고, 말씀 위에 세우는 것은 영원한 도성을 쌓는 것과 같습니다(마태복음 7:24-27).

Question 7

성경을 어떻게 대하느냐에 따라 인생이 영원히 결정되기 때문에 단순히 정보나 지식을 얻기 위한 수단으로 성경을 대하지 말고 생명처럼 귀하게 대해야 합니다. 어떻게 하나님의 말씀을 대해야 할까요?

■ **첫째로, 하나님의 말씀을 자주 들어야 합니다.**

그러므로 믿음은 들음에서 나며 들음은 그리스도의 말씀으로 말미암았느니라

로마서 10:17

💡 D3포인트

우리의 믿음은 들음에서 나기 때문에 믿음으로 살기 위해서는 무엇보다 하나님의 말씀을 자주 들어야 합니다. 사슴이 갈급히 시냇물을 찾듯이 사모하는 마음으로 다양한 방법을 통해 하나님의 말씀을 자주 들어야 합니다.

■ **둘째로, 하나님의 말씀을 자주 읽어야 합니다.**

평생에 자기 옆에 두고 읽어 그의 하나님 여호와 경외하기를 배우며 이 율법의 모든 말과 이 규례를 지켜 행할 것이라

신명기 17:19, 참조 욥 23:12; 요한계시록 1:3

💡 **D3포인트**

성경은 예배시간에만 읽는 책이 아니라 영의 양식이기 때문에 날마다 읽어야 합니다. 세상의 그 어떤 책보다 자주 읽어야 합니다. 믿음의 사람들은 모두 하나님의 말씀을 가까이했는데, 특별히 욥은 하루 세끼를 먹는 것보다 하나님의 말씀을 읽는 것을 더 소중히 여길 정도로 말씀을 가까이하였습니다(욥기 23:12).

■ **셋째로, 하나님의 말씀을 날마다 상고해야 합니다.**

베뢰아에 있는 사람들은 데살로니가에 있는 사람들보다 더 너그러워서 간절한 마음으로 말씀을 받고 이것이 그러한가 하여 날마다 성경을 상고하므로

사도행전 17:11, 참조 에스라 7:10; 이사야 34:16

💡 **D3포인트**

'상고한다'는 말은 문제에 대한 답을 찾기 위해 검색하는 것을 뜻합니다. 즉 하나님의 말씀을 듣고 은혜를 받는 것에서 멈추지 말고 좀 더 알기 위해 성경을 자세히 살펴보아야 합니다. 하나님의 말씀을 상고하면 할수록 온전히 더 깊이 알게 되어 온전히 순종할 수 있습니다.

■ **넷째로, 하나님의 말씀을 암송해야 합니다.**

주의 말씀을 조용히 읊조리려고 내가 새벽녘에 눈을 떴나이다   시편 119:148

💡 D3포인트
성경 암송은 하나님의 말씀을 마음에 두는 것입니다(시편 119:11). 따라서 성경을 암송하면 하나님의 말씀을 늘 마음에 간직함으로 말씀을 잊지 않게 되고 날마다 말씀의 힘과 능력으로 살아갈 수 있습니다.

■ **다섯째로, 하나님의 말씀을 묵상해야 합니다.**

오직 여호와의 율법을 즐거워하여 그의 율법을 주야로 묵상하는도다   시편 1:2

💡 D3포인트
묵상은 하나님의 말씀을 되새김질하는 것입니다. 즉 말씀을 읽고, 듣고, 상고하고, 암송하던 중 마음에 와 닿은 부분을 반복해서 생각하는 것입니다. 묵상의 단계까지 나아가야 하나님의 말씀이 우리의 말과 행동에 영향을 미칠 수 있습니다. 따라서 하나님의 뜻대로 살려면 반드시 말씀을 묵상하는 훈련을 해야 합니다(시편 19:14). 성경은 여호와의 율법을 즐거워하여 그 율법을 주야로 묵상하는 자가 복 있는 사람이라고 말씀하고 있습니다(시편 1:1).

네 번째 만남
하나님과 대화할 수 있습니다

　기도는 하나님을 부르는 것으로 하나님의 자녀는 누구든지 기도할 수 있습니다. 갓난아이가 말을 할 줄 몰라도 울음으로 자신의 의사를 표현하듯이, 갓 믿은 성도는 하나님께 자신의 뜻과 소원을 아뢸 수 있습니다. 기도는 영혼의 호흡과 같아서 기도하지 않으면 영적으로 죽은 자가 되기 때문에 성도는 쉬지 말고 기도해야 합니다. 구약시대에는 특별한 장소에서 제사장만 하나님께 나아갈 수 있었지만 지금은 누구나, 언제든지 하나님께 나아갈 수 있습니다. 성도는 언제, 어디서든지 하나님께 기도할 수 있는 권리가 있는 것을 영광스럽게 생각하고 늘 기도하는 삶을 살아가야 합니다.

네 번째 만남
하나님과 대화할 수 있습니다

Question 1

종종 주변에서 그리스도인들이 하나님께 기도하는 모습을 보았을 것입니다. 그들이 하나님께 울거나 부르짖어 기도하는 것을 보면서 어떤 생각을(부정적이든 긍정적이든) 했는지 말해 보세요.

그는 육체에 계실 때에 자기를 죽음에서 능히 구원하실 이에게 심한 통곡과 눈물로 간구와 소원을 올렸고 그의 경건하심으로 말미암아 들으심을 얻었느니라
히브리서 5:7

💡 D3포인트

우리는 예수 그리스도께 기도하는 법을 배워야 합니다. 왜냐하면 예수께서는 삶과 신앙과 사역의 모델이시기 때문입니다. 그런데 성경은 예수께서 심한 통곡과 눈물로 기도하셨다고 말씀하고 있습니다. 따라서 우리도 얼마든지 울면서 부르짖어 기도할 수 있습니다. 혹 지금까지 다른 사람이 울면서 큰 소리로 기도하는 것을 부정적으로 생각했다면 이제 그 생각을 바꾸어야 합니다.

Question 2

기도는 '하나님과의 대화'입니다. 한 나라의 최고 지도자와 단독으로 만나 대화를 해도 영광인데, 만왕의 왕이신 하나님과 직접 대화를 한다는 것은 보통 영광스러운 일이 아닙니다. 당신에게 하나님과 직접 대화할 수 있는 자격이 있다는 것을 알고 있습니까?

너희는 다시 무서워하는 종의 영을 받지 아니하고 양자의 영을 받았으므로 우

리가 아빠 아버지라고 부르짖느니라 성령이 친히 우리의 영과 더불어 우리가
하나님의 자녀인 것을 증언하시나니
로마서 8:15-16

💡 D3포인트

구원받은 성도는 하나님의 자녀이므로 어떤 상황에서도 하나님 아버지께 직접 나아가 도움을 청할 수 있습니다. 물론 비신자도 어려움을 만났을 때에 하나님께 도움을 청할 수 있습니다. 그러나 이는 구걸에 불과합니다. 하나님의 자녀는 자신이 원하는 시간과 장소에서 하나님과 일대일로 대화할 수 있습니다. 하나님의 자녀는 이런 권리가 있음을 알고 어려운 일을 만났을 때에 사람에게 도움을 청하지 말고 전능하신 하나님께 청해야 합니다.

Question 3

그리스도인 중에는 기도가 하나님과의 대화라는 것을 알고는 있지만 선뜻 기도하지 못하는 분들이 의외로 많습니다. 가장 큰 이유는 기도하는 것 자체를 어렵다고 생각하기 때문입니다. 정말 기도는 어려운 것일까요?

사람이 자기의 친구와 이야기함 같이 여호와께서는 모세와 대면하여 말씀하시며
출애굽기 33:11

💡 D3포인트

일반적으로 갓 믿은 성도가 기도하는 것을 어렵게 생각하는 이유는 예배에 참석해서 가장 먼저 듣는 기도가 목회자의 목회기도와 평신도의 대표기도이기 때문입니다. 그러나 이런 기도들은 개인이 일대일로

하나님께 드리는 개인기도가 아니라 공적으로 드리는 대표기도입니다. 그리스도인이 우선적으로 드려야 할 기도는 개인기도입니다. 기도는 자기의 친구와 이야기하듯이 하나님과 대화하는 것이므로 갓 믿은 신자라도 기도하는 것을 어렵게 생각하지 말아야 합니다. 하나님께서는 우리와 친구처럼 대화하기를 원하십니다. 그런데 그것이 어렵다는 이유로 거절하는 것은 매우 어리석은 일입니다.

Question 4

그리스도인들이 기도의 중요성을 알지만 기도하지 못하는 또 다른 이유는 교회에 가야만 기도할 수 있다고 생각하기 때문입니다. 정말 그럴까요?

내가 주의 영을 떠나 어디로 가며 주의 앞에서 어디로 피하리이까 내가 하늘에 올라갈지라도 거기 계시며 스올에 내 자리를 펼지라도 거기 계시니이다 내가 새벽 날개를 치며 바다 끝에 가서 거주할지라도 거기서도 주의 손이 나를 인도하시며 주의 오른손이 나를 붙드시리이다   시편 139:7-10

💡 D3포인트

하나님께서는 영이시기 때문에 아니 계신 곳이 없습니다. 따라서 기도를 특정한 장소(교회나 기도원)나, 특별한 시간(예배시간)에만 할 수 있다고 생각해서는 안 됩니다. 언제 어디서나 할 수 있습니다. 출퇴근을 할 때도, 일을 할 때도, 길을 걸을 때도, 심지어 차를 운전할 때도 기도할 수 있습니다.

Question 5

흔히 사람들은 기도를 '영혼의 호흡'이라고 합니다. 왜 기도를 그렇게 부를까요?

쉬지 말고 기도하라   데살로니가전서 5:17

 D3포인트

　기도를 '영혼의 호흡'이라고 하는 것은 쉬지 말고 기도해야 함을 강조한 것입니다. 호흡을 멈추면 죽게 되듯이, 기도를 멈추면 하나님과의 교제가 끊어지게 되어 신앙생활이 무기력해집니다. 따라서 갓 믿은 신자든 기신자든 결코 기도를 멈추면 안 됩니다. 호흡이 고르지 못하면 건강에 이상이 있음을 알 수 있듯이, 기도를 규칙적으로 하고 있지 않다면 영적인 건강에 문제가 있음을 알아야 합니다.

Question 6

세상일에도 순서가 있듯이 기도에도 일정한 순서가 있습니다. 어떤 순서로 기도하면 하나님께서 기쁘게 받으실까요?

■ **첫째로, 하나님께 감사와 찬양을 드립니다.**

우리 하나님이여 이제 우리가 주께 감사하오며 주의 영화로운 이름을 찬양하나이다
                                                  역대상 29:13

 D3포인트

감사와 찬양은 하나님과의 관계를 밀접하게 하므로 먼저 감사와 찬양을 하나님께 고백하는 것이 좋습니다. 감사와 찬양은 하나님과의 관계를 가깝게 하고 빠른 응답을 가져오게 하는 비밀병기입니다.

■ **둘째로, 하나님께 자신의 죄를 고백합니다.**

만일 우리가 우리 죄를 자백하면 그는 미쁘시고 의로우사 우리 죄를 사하시며 우리를 모든 불의에서 깨끗하게 하실 것이요 요한일서 1:9

💡 D3포인트

하나님께서는 우리의 자랑거리가 아니라, 죄의 고백을 듣고 싶어 하십니다. 따라서 특별히 죄를 지은 것이 생각나지 않더라도 부지중에라도 지은 죄를 용서해 달라고 기도해야 합니다. 하나님께 기도를 드리지만 자신의 죄를 고백하지 않고 자랑거리를 늘어놓는 것은 기도를 잘못하고 있는 것입니다(누가복음 18:9-14).

■ **셋째로, 응답받아야 할 모든 기도제목을 아룁니다.**

아무 것도 염려하지 말고 다만 모든 일에 기도와 간구로, 너희 구할 것을 감사함으로 하나님께 아뢰라 빌립보서 4:6

💡 D3포인트

왜 응답받아야 할 모든 것을 하나님께 아뢰어야 할까요? 하나님께서는 우리가 모든 문제에 대해 의논하기를 원하시기 때문입니다. 작은 문제라고 해서 하나님께 기도하지 않고 자기의 힘과 능력으로 해결하려고 해서는 안 됩니다. 또한 자신의 문제만을 위해 아뢰지 말고, 다른 대상(교회, 친구, 전도대상자, 나라와 민족)을 위해서도 아뢰어야 합니다(디모데전서 2:1-2). 자신의 문제 이외의 것을 구하는 것을 일명 '중보기도'라 부르기도 합니다.

■ **넷째로, "예수의 이름으로 기도합니다. 아멘" 하고 기도를 끝맺습니다.**

너희가 내 이름으로 무엇을 구하든지 내가 행하리니 이는 아버지로 하여금 아들로 말미암아 영광을 받으시게 하려 함이라   요한복음 14:13

D3포인트

기도의 말미에 "예수의 이름으로 기도합니다"라고 하는 것은 자신의 선행이나 공로로 하나님께 나아가는 것이 아니라, 예수님의 공로를 의지하여 나아간다는 뜻입니다. 왜 자기가 기도하면서 자기의 이름으로 하지 않고 예수의 이름으로 해야 할까요? 어느 누구도 예수님을 통하지 않고서는 하나님께 직접 나아갈 수 없기 때문입니다(요한복음 14:6). 그리고 '아멘'이라고 하는 것은 자신이 구한 대로 될 줄로 믿는다는 뜻입니다.

Question 7

하나님께서는 우리의 기도에 응답해 주십니다. 그러나 아무렇게나 기도해도 응답해 주시는 것이 아닙니다. 하나님께서 원하시는 대로 기도해야 응답해 주십니다. 하나님께서는 우리가 어떻게 기도하기를 원하실까요?

■ 첫째로, 오직 믿음으로 구하고 의심하지 말아야 합니다.

오직 믿음으로 구하고 조금도 의심하지 말라 의심하는 자는 마치 바람에 밀려 요동하는 바다 물결 같으니 이런 사람은 무엇이든지 주께 얻기를 생각하지 말라 두 마음을 품어 모든 일에 정함이 없는 자로다 　　　야고보서 1:6-8

💡 D3포인트

하나님께 기도하지만 응답을 의심하는 것은 마치 두 마음을 품어 모든 일이 정함이 없는 것과 같기 때문에 기도해도 응답받을 수 없습니다. 따라서 기도의 응답을 받으려면 먼저 의심을 버리고 믿음으로 기도해야 합니다. 당신은 하나님께서 반드시 응답해 주실 것을 믿고 기도하고 있습니까?

■ 둘째로, 자신의 정욕을 버리고 하나님의 뜻대로 구해야 합니다.

구하여도 받지 못함은 정욕으로 쓰려고 잘못 구하기 때문이라 　　야고보서 4:3

💡 D3포인트

하나님께서는 우리의 정욕을 채우시지 않고 하나님의 뜻을 이루시므로, 자신의 정욕으로 구하지 않고 하나님의 뜻대로 기도해야 응답받을 수 있습니다. 자신의 정욕을 채우려고 기도하는지, 하나님의 뜻을 이루려고 기도하는지 어떻게 알 수 있을까요? 하나님의 영광을 구하고 있다면 하나님의 뜻을 이루려고 하는 것이고, 자기의 영광을 구하고 있다면 자신의 정욕을 채우려고 하는 것입니다.

■ **셋째로, 즉시 응답이 없어도 낙심치 말고 기도해야 합니다.**

너희에게 인내가 필요함은 너희가 하나님의 뜻을 행한 후에 약속하신 것을 받기 위함이라
히브리서 10:36

💡 D3포인트

하나님께서는 그분께서 계획하신 때에 응답하십니다. 따라서 기도의 응답을 받기 위해서는 하나님께서 주실 때까지 기다려야 합니다. 인내 없이는 결코 기도의 응답을 받을 수 없습니다. 하나님의 때가 되면 반드시 이뤄주실 줄을 믿고 끝까지 인내하며 기도해야 합니다.

■ **넷째로, 전심으로 기도해야 합니다.**

여호와여 내가 전심으로 부르짖었사오니 내게 응답하소서 내가 주의 교훈들을 지키리이다
시편 119:145, 참조 예레미야 29:13

💡 D3포인트

'전심으로' 기도한다는 것은 힘과 정성을 다해 간절히 구한다는 뜻입니다. 즉 전심으로 구하는 기도는 하나님께 모든 것이 달려 있다고 생각하고 온 마음으로 구하는 것입니다. 하나님께서는 전심으로 구하는 자의 기도에 응답하십니다(역대하 16:9). 예수께서도 간절히 기도하셨기에 하나님께 응답받으셨음을 알아야 합니다(누가복음 22:44). 아무리 기도를 많이 해도 전심으로 구하지 않으면 하나님께 응답받을 수 없습니다.

Question 8

하나님께서는 인격적인 분이시므로 우리가 기도하면 그에 상응하는 반응을 보이십니다. 어떤 반응을 보이실까요?

■ **첫째로, 기도하는 자와 가까이하십니다.**

우리 하나님 여호와께서 우리가 그에게 기도할 때마다 우리에게 가까이 하심과 같이 그 신이 가까이 함을 얻은 큰 나라가 어디 있느냐 신명기 4:7

D3포인트

사람은 아무리 사랑하는 사이일지라도 지나치게 가까이 하면 귀찮아 합니다. 그러나 하나님께서는 우리가 가까이 할 때마다 가까이 하십니다. 하나님께서 복의 근원이시므로 하나님을 가까이 하면 복을 받을 수밖에 없습니다. 그래서 시편기자는 "여호와께 가까이 하는 것이 내게 복이라"(시편 73:28)고 고백하고 있는 것입니다. 따라서 하나님께 복을 받고 싶다면 기도로써 하나님과 친밀한 관계를 유지해야 합니다.

■ **둘째로, 하나님의 뜻에 따라 기도에 응답해 주십니다.**

구하라 그리하면 너희에게 주실 것이요 찾으라 그리하면 찾을 것이요 문을 두드리라 그리하면 너희에게 열릴 것이니 마태복음 7:7

D3포인트

하나님께서 우리의 기도에 반드시 응답해 주시지만 그 방법은 다양합니다. '예스, 노우, 기다려라'로 응답해 주십니다. 혹 자신은 '예스'의 응답을 받고 싶었는데 '노우'나 '기다려라'라는 응답을 받았어도 낙심하지 말아야 합니다. 왜냐하면 하나님께서는 항상 기도하는 자에게 최상의 것을 주시기 때문입니다(마태복음 7:11).

■ **셋째로, 하나님께서 대신 일하셔서 기적을 경험하게 하십니다.**

내 이름으로 무엇이든지 내게 구하면 내가 행하리라   요한복음 14:14

💡 **D3포인트**

기도하면 하나님께서 대신 일하시기 때문에 기도하는 사람은 항상 기적을 경험할 수 있습니다. 엘리야 선지자는 우리와 똑같은 사람이었지만 그가 기도할 때에 삼 년 육 개월 동안 비가 오지 아니하였고 다시 기도하자 비가 왔습니다(야고보서 5:17-18). 지렛대를 사용하면 적은 힘으로 큰 물체를 움직일 수 있듯이, 우리가 기도하면 전능하신 하나님께서 일하시므로 불가능한 일이 가능해집니다. 하나님의 기적을 경험하고 싶다면 하나님 앞에 무릎을 꿇어야 합니다. 하나님께서는 우리가 기도할 때에 함께 하시고 우리를 기적의 주인공으로 만들어주십니다.

다섯 번째 만남
교회생활은 이렇게 합니다

   교회란 무엇일까요? 교회(헬, 에클레시아)는 예수님을 믿고 하나님의 자녀가 된 자들이 모인 공동체입니다. 즉 교회는 건물이 아니라 사람들의 모임입니다. 모든 사람이 세상에 태어나는 순간부터 가정에 속하게 되듯이, 모든 성도는 하나님의 자녀로 거듭나는 순간부터 교회에 속하게 됩니다. 그런데 예수께서 교회의 머리이시고(에베소서 5:23) 성도는 그리스도의 몸인 교회의 지체이기 때문에(골로새서 1:18; 고린도전서 12:27), 모든 성도는 한 가족처럼 서로 돌보아야 할 책임이 있습니다(고린도전서 12:25). 주일 예배를 드리는 것으로 그리스도인으로서의 의무를 다했다고 생각해서는 안 됩니다. 함께 모여 하나님께 예배를 드리고, 하나님의 말씀으로 훈련받고, 세상에 나가 복음을 전하고, 성도 간에 교제하며, 하나님께서 주신 달란트로 봉사해야 합니다. 즉 성도는 예배, 교육(양육과 훈련), 전도(선교), 교제, 봉사 등 5대 활동에 적극적으로 참여해야 합니다.

다섯 번째 만남
교회생활은 이렇게 합니다

1. 예배 활동

Question 1-1

예배는 자신을 구원하신 하나님께 감사하여 그분 앞에 나아가 엎드리고 경배하는 모든 말과 행위를 가리킵니다. 즉 예배는 구원받기 위해서 드리는 것이 아니라 이미 구원받은 것에 감사하여 드리는 것입니다. 당신이 하나님께 예배를 드리는 이유는 무엇입니까?

> 주께서 내게 응답하시고 나의 구원이 되셨으니 내가 주께 감사하리이다
>
> 시편 118:21, 참조 시편 68:19, 98:1

D3포인트

예배는 하나님께서 자신을 죄와 사망의 굴레에서 해방시켜주신 것에 감사하여 드리는 것입니다. 따라서 구원받은 감격과 기쁨이 없이 드리는 예배는 아무런 의미가 없습니다.

Question 1-2

구원받은 성도가 하나님께 예배드리는 것은 지극히 마땅함에도 불구하고 하나님께서는 예배를 기쁘게 받으시고 예배자에게 갖가지 복을 주십니다(히브리서 11:6). 어떤 복을 주실까요?

> 내게 토단을 쌓고 그 위에 네 양과 소로 네 번제와 화목제를 드리라 내가 내 이름을 기념하게 하는 모든 곳에서 네게 임하여 복을 주리라
>
> 출애굽기 20:24

💡 **D3포인트**

하나님께서는 예배하는 사람과 장소에 복을 내리십니다. 구체적으로 어떤 복을 주실까요? 첫째로, 하나님께서 자신과 함께 하신다는 확신을 갖게 하십니다(열왕기상 18:36-39). 둘째로, 마음의 평안을 누리게 하십니다(욥기 22:21). 셋째로, 세상에서 번성하는 복을 받게 하십니다(창세기 8:20-9:1-3; 욥기 8:5-7). 넷째로, 자신의 잘못을 깨닫고 회개하게 하십니다(사도행전 2: 37). 다섯째로, 성령께서 각 사람에게 주시는 은사를 받게 하십니다(사도행전 10:44-46).

Question 1-3

하나님께서는 우리가 드리는 모든 예배를 받으시지 않습니다. 하나님께서 기뻐하시는 예배를 드려야 받으십니다. 어떻게 예배를 드리면 하나님께서 기쁘게 받으실까요?

■ **첫째로, 믿음으로 드려야 합니다.**

> 믿음이 없이는 하나님을 기쁘시게 하지 못하나니 하나님께 나아가는 자는 반드시 그가 계신 것과 또한 그가 자기를 찾는 자들에게 상주시는 이심을 믿어야 할지니라
>
> 히브리서 11:6

💡 **D3포인트**

하나님께서는 영으로 존재하시므로 육안으로 볼 수 없습니다. 따라서 우리는 하나님께 믿음으로 나아가야 합니다. 구체적으로 어떤 믿음을 갖고 하나님께 나아가야 할까요? 하나님께서 살아 계신 것과 하나

님께 나아가는 자들에게 상 주심을 믿어야 합니다.

■ **둘째로, 감사하는 마음으로 드려야 합니다.**

우리가 감사함으로 그 앞에 나아가며 시를 지어 즐거이 그를 노래하자
시편 95:2

💡 **D3포인트**
예배는 자신을 죄와 사망의 법에서 구원해 주신 하나님께 드리는 것이므로 마땅히 감사한 마음으로 드려야 합니다. 감사가 빠진 예배는 짠맛을 잃은 소금과 같습니다. 하나님께서는 감사한 마음으로 드리지 않는 예배는 받으시지 않습니다.

■ **셋째로, 기쁜 마음으로 드려야 합니다.**

사람이 내게 말하기를 여호와의 집에 올라가자 할 때에 내가 기뻐하였도다
시편 122:1

💡 **D3포인트**
기쁜 마음으로 예배를 드린다는 것은 예배 자체를 기뻐한다는 뜻이 아니라 예배의 대상이신 하나님을 기뻐한다는 뜻입니다. 즉 하나님을 기뻐하는 마음으로 예배를 드려야 합니다. 하나님을 기뻐하지 않는 마음으로 드리는 예배는 하나님께서 받으시지 않습니다.

■ **넷째로, 사모하는 마음으로 드려야 합니다.**

나를 사랑하는 자들이 나의 사랑을 입으며 나를 간절히 찾는 자가 나를 만날 것이니라
잠언 8:17

💡 **D3포인트**

하나님을 사모한다는 것은 하나님을 만나고 싶어 한다는 것입니다. 예배는 하나님을 만나는 시간이므로 사모하는 마음으로 드리면 예배를 통하여 하나님을 만날 수 있습니다. 당신은 간절히 하나님을 사모하는 마음으로 예배를 드리십니까?

■ **다섯째로, 자주 드려야 합니다.**

모이기를 폐하는 어떤 사람들의 습관과 같이 하지 말고 오직 권하여 그 날이 가까움을 볼수록 더욱 그리하자
히브리서 10:25, 참조 사도행전 2:46

💡 **D3포인트**

교회는 '영적가족공동체'이기 때문에 주일에만 가는 곳으로 생각해서는 안 됩니다. 초대교회처럼 자주 모이기를 힘써야 합니다. 주일 낮 예배는 기본이고, 교회의 모든 모임에 적극적으로 참석해야 합니다.

🔖 예배를 통하여 하나님께 영광을 돌리기 위해서는 정한 예배 시간을 엄수하고, 기도로 준비하고, 마음을 다해 찬양하고, 감사의 마음을 담아 예물을 드리고, 말씀 듣기에 집중하고, 선포된 말씀에

아멘으로 화답해야 합니다. 그러나 교회에서 드리는 예배로 만족해서는 안 됩니다. 세상에 나가 거룩한 삶을 통하여 하나님께 영광을 돌려야 합니다. 즉, 우리의 삶으로 하나님께 예배를 드려야 합니다(로마서 12:1). 하나님께서는 건물 안에서 한 주에 한두 번 드리는 '예배당 예배'보다 세상에서 날마다 드리는 '삶의 예배'에 더 깊은 관심을 가지고 계십니다.

2. 교육 활동

Question 2-1

그리스도인은 각종 예배를 드리는 것으로 만족하지 말고, 교회에서 실시하는 모든 교육 프로그램에 참여하여 훈련을 받아야 합니다. 왜 그럴까요?

> 우리가 그를 전파하여 각 사람을 권하고 모든 지혜로 각 사람을 가르침은 각 사람을 그리스도 안에서 완전한 자로 세우려 함이니   골로새서 1:28

D3포인트

무엇보다도 하나님의 말씀을 배우지 않으면 믿음이 자라지 않고 온전한 그리스도인이 될 수 없기 때문입니다. 또한 다른 사람들에게 하나님의 말씀을 가르칠 수 없을 뿐만 아니라, 이단(신천지, 여호와의 증인 등)의 유혹에 쉽게 넘어가게 되기 때문입니다(디모데후서 4:3-4).

Question 2-2

요람에서 무덤까지 평생 배워야 하는 것이 인생이듯이, 하나님의 자녀도 계속해서 하나님의 말씀을 배워야 합니다. 그런데 하나님의 말씀을 배우려면 가르치는 자가 있어야 합니다. 초대교회에서는 누가 하나님의 말씀을 가르쳤을까요?

또 네가 많은 증인 앞에서 내게 들은 바를 충성된 사람들에게 부탁하라 그들이 또 다른 사람들을 가르칠 수 있으리라   딤후 2:2, 참조 사도행전 2:42

D3포인트

본문에서 '네'는 디모데이고, '내'는 사도 바울이고, '충성된 사람들'과 '다른 사람들'은 모두 평신도를 가리킵니다. 즉 초대교회는 먼저 목회자가 하나님의 말씀을 평신도에게 가르치면, 평신도가 또 다른 평신도를 가르쳤습니다. 초대교회에서는 사도와 평신도가 함께 하나님의 말씀을 가르쳤습니다. 목회자만 하나님의 말씀을 가르칠 수 있다고 생각하면 안 됩니다. 갓 믿은 신자도 훈련받으면 다른 사람에게 말씀을 가르칠 수 있습니다.

Question 2-3

초대교회 평신도들은 먼저 사도들의 가르침을 받은 후, 또 다른 평신도를 가르쳤습니다. 즉 제자훈련을 했습니다. 그들이 그렇게 한 이유는 무엇일까요?

그러므로 너희는 가서 모든 민족을 제자로 삼아 아버지와 아들과 성령의 이름으로 세례를 베풀고 내가 너희에게 분부한 모든 것을 가르쳐 지키게 하라 볼지

어다 내가 세상 끝날까지 너희와 항상 함께 있으리라 하시니라

마태복음 28:19-20

💡 D3포인트

주님께서 마지막으로 제자 삼으라고 당부하셨기 때문입니다. 주님께서 마지막으로 제자 삼으라고 부탁하셨기 때문에 모든 그리스도인은 제자 삼는 삶을 살아가야 합니다. 갓 믿은 신자도 가르치는 훈련을 받으면 제자를 삼을 수 있습니다.

3. 전도(선교) 활동

Question 3-1

잃어버린 영혼을 구원하기 위해서는 먼저 자신이 죄 문제를 해결받고 구원을 받은 것을 확신해야 합니다. 당신은 이것을 확신하고 있습니까?

네가 만일 네 입으로 예수를 주로 시인하며 또 하나님께서 그를 죽은 자 가운데서 살리신 것을 네 마음에 믿으면 구원을 받으리라

로마서 10:9

💡 D3포인트

예수께서 자신의 죄를 대신하여 십자가에 못 박혀 죽으시고 부활하신 사실, 즉 복음을 믿고 있다면 그는 이미 구원을 받은 것입니다. 이것을 굳게 확신하고 기쁨으로 살아간다면 누구든지 비신자에게 찾아가서 복음을 전할 수 있습니다.

Question 3-2

구원받은 자는 잃어버린 영혼을 찾아 구원하는 것을 최고의 사명으로 생각해야 합니다. 왜 그럴까요?

그러나 너희는 택하신 족속이요 왕 같은 제사장들이요 거룩한 나라요 그의 소유가 된 백성이니 이는 너희를 어두운 데서 불러내어 그의 기이한 빛에 들어가게 하신 이의 아름다운 덕을 선포하게 하려 하심이라

베드로전서 2:9, 참조 마가복음 16:15

💡 D3포인트

하나님께서 우리를 먼저 죄에서 건져주신 것은 아직도 예수 그리스도를 모르는 자들에게 복음을 전하도록 하기 위해서이기 때문입니다. 따라서 갓 믿은 신자일지라도 전도를 우선순위에 두고 잃어버린 영혼을 구원하는 일에 최선을 다해야 합니다.

Question 3-3

당신이 죄 사함받고 구원받게 된 것은 누군가가 당신에게 복음을 전해 주었기 때문입니다. 당신도 다른 사람이 구원을 받도록 복음을 전해야 합니다. 가장 우선적으로 복음을 전할 대상자는 누구인가요?(3명 이상 적어주세요).

헬라인이나 야만인이나 지혜 있는 자나 어리석은 자에게 다 내가 빚진 자라 그러므로 나는 할 수 있는 대로 로마에 있는 너희에게도 복음 전하기를 원하노라

로마서 1:14-15, 참조 로마서 10:14

💡 **D3포인트**

우리는 모두 복음의 빚진 자입니다. 우리가 복음의 빚을 갚는 길은 아직도 구원받지 못한 사람들에게 복음을 전하는 것입니다. 가장 가까이 있는 사람부터 주님께 인도해야 합니다. 전도는 개인적으로도 해야 하지만 교회와 협력해서 하면 훨씬 효과적으로 할 수 있습니다.

4. 교제 활동

Question 4-1

교회는 교제(koinonia) 공동체이기 때문에 서로 교제하기를 힘써야 합니다. 예배를 마치자마자 교회의 문을 나서는 것은 바람직하지 않습니다. 우리는 초대교회 성도들을 통하여 어떻게 교제해야 하는지 배워야 합니다. 그들은 어떻게 교제를 했을까요?

그들이 사도의 가르침을 받아 서로 교제하고   사도행전 2:42

믿는 사람이 다 함께 있어 모든 물건을 서로 통용하고 또 재산과 소유를 팔아 각 사람의 필요를 따라 나눠 주며   사도행전 2:44-45

집에서 떡을 떼며 기쁨과 순전한 마음으로 음식을 먹고   사도행전 2:46

💡 **D3포인트**

초대교회 성도들은 하나님의 말씀과(사도행전 2:42), 물질과(사도행전 2:44-45), 음식을(사도행전 2:46) 서로 나눔으로 교제를 했습니다. 오늘날에도 대그룹 모임에서는 힘들겠지만, 소그룹 모임(구역, 목장, 셀)

에서는 얼마든지 이런 교제가 가능합니다. 따라서 주일 낮 예배뿐 아니라 소그룹 모임에 적극 참석해야 합니다.

Question 4-2

초대교회 성도들처럼 말씀과 물질과 음식을 서로 나누는 아름다운 교제를 하기 위해서는 우선적으로 해야 할 일이 있습니다. 그것은 무엇일까요?

날마다 마음을 같이하여 성전에 모이기를 힘쓰고   사도행전 2:46

D3포인트

두 가지가 선행되어야 합니다. 첫째는, 마음이 하나가 되어야 합니다. 그러기 위해서는 서로 자신을 낮추어야 합니다. 자신을 드러내는 공동체는 하나가 될 수 없을 뿐 아니라 성도 간의 진정한 교제도 이뤄질 수 없습니다. 둘째는, 모이기를 힘써야 합니다. 모이기를 힘쓰라는 말은 교회의 모임을 중요하게 생각하라는 뜻입니다. 시간이 남을 경우에만 참석하는 모임 속에서는 성도 간의 아름다운 교제는 이뤄질 수 없습니다(히브리서 10:25).

Question 4-3

교회는 하나님의 자녀들이 모인 공동체이지만 성화되지 못한 부분이 많기 때문에 서로 교제를 하다 보면 여러 가지 문제가 발생할 수 있습니다. 성도 간에 교제할 때에 특별히 어떤 점에 주의해야 할까요?

💡 D3포인트

첫째로, 사람을 너무 믿으면 안 됩니다. 사람은 사랑의 대상이지 의지할 대상이 아닙니다. 상대방을 너무 의지하면 실망하게 되어 시험에 들게 됩니다.

둘째로, 형제자매의 변화되지 못한 옛 사람의 성품에 너무 실망하지 말아야 합니다. 완전한 사람은 아무도 없습니다. 모두 성화되는 중에 있음을 알고 서로 사랑으로 덮어주며 주님의 성품을 닮아갈 수 있도록 기도해 주고 기다려야 합니다.

셋째로, 불평이나 원망하는 사람과 맞장구를 치면 안 됩니다. 감사로 불평과 원망을 잠재워야 합니다. 이스라엘백성은 광야에서 불평과 원망하다가 모두 멸망당했습니다(고린도전서 10:10).

넷째로, 좋아하는 사람끼리만 교제하면 안 됩니다. 사람 중심의 교제를 하면 편당이 생겨서 교회가 깨어집니다(고린도전서 3:3-4). 예수 그리스도 중심의 교제를 해야 교회가 하나 됩니다.

다섯째로, 성도 간에는 금전적인 거래를 하지 말아야 합니다. 아무 조건 없이 가난한 형제를 도와주는 것은 사랑을 실천하는 것이지만(요한일서 3:17-18), 금전적인 이익을 얻기 위해 돈을 빌려주는 것은 죄를 범하는 것입니다(시편 15:5). 또 경제적으로 어렵다고 개인적으로 다른 성도에게 물질적인 도움을 청해서는 안 됩니다.

5. 봉사 활동

Question 5-1

교회의 회원이 된 성도는 누구든지 봉사해야 합니다. 어떤 자세로 봉사해야 할까요?

각각 은사를 받은 대로 하나님의 여러 가지 은혜를 맡은 선한 청지기 같이 서로 봉사하라 만일 누가 말하려면 하나님의 말씀을 하는 것 같이 하고 누가 봉사하려면 하나님이 공급하시는 힘으로 하는 것 같이 하라… 베드로전서 4:10-11

💡 D3포인트

첫째로, 하나님께서 주신 '달란트(재능)'대로 봉사해야 합니다. 모든 사람은 재능과 영적인 은사를 갖고 있습니다. 따라서 봉사하지 못할 사람은 아무도 없습니다. 둘째로, '청지기'같이 봉사해야 합니다. 교회의 주인은 오직 예수 그리스도이시기 때문에 모든 그리스도인은 청지기로서 주님의 뜻대로 봉사해야 합니다. 셋째로, '서로' 봉사해야 합니다. 그리스도 예수 안에서는 섬김을 받는 자가 따로 존재하지 않습니다. 모든 그리스도인은 서로 섬겨야 합니다.

Question 5-2

왜 우리가 위와 같은 자세로 봉사해야 할까요?

이는 범사에 예수 그리스도로 말미암아 하나님이 영광을 받으시게 하려 함이니 베드로전서 4:11 하반절

💡 D3포인트

오직 하나님께만 영광을 돌리기 위해서입니다. 모든 그리스도인은 같은 목적, 즉 오직 하나님께 영광을 돌리기 위해서 봉사해야 합니다(고린도전서 10:31). 다른 동기나 목적으로 봉사하면 아무리 수고를 많이 해도 하나님께서 영광을 받으시지 않습니다.

Question 5-3

하나님께서는 봉사하는 자에게 상을 주십니다. 그러나 봉사하는 모든 사람이 상을 받는 것은 아닙니다. 어떻게 하면 상을 받을 수 있을까요?

그 주인이 이르되 잘하였도다 착하고 충성된 종아 네가 적은 일에 충성하였으매 내가 많은 것을 네게 맡기리니 네 주인의 즐거움에 참여할지어다 하고

마태복음 25:21, 23

💡 **D3포인트**

주인이 종을 칭찬한 것은 많은 일을 해서가 아니라, 적은 일이지만 최선을 다해 충성했기 때문입니다. 하나님께서는 일을 적게 했느냐 많이 했느냐가 아니라 얼마나 충성했느냐에 따라 상을 결정하십니다. 죽도록 충성하는 자에게 최고의 상을 주십니다(요한계시록 2:10).

Question 5-4

당신이 교회 안에서 혹은 세상에서 봉사할 수 있는 것이 무엇인지 말해 보세요.

💡 **D3포인트**

그리스도인은 예수님을 믿기 전부터 갖고 있던 재능이나 예수님을 믿고 나서 받은 영적 은사로 교회 안에서 봉사해야 합니다. 또한 세상에서도 힘들고 어려운 사람들을 주님의 이름으로 섬겨야 합니다.

🏷 우리는 한 가족입니다. 성도님은 저희에게 더할 나위 없이 소중한 가족입니다. 성도님을 저희 교회로 인도해 주신 주님께 감사드리고, 성도님께서 신앙생활을 행복하게 하실 수 있도록 최선을 다해 돕겠습니다. 그러나 행복은 이미 만들어진 것을 찾는 것이 아니라 스스로 만들어가는 것입니다. 각자가 가정에서 나름대로의 역할을 제대로 감당해야 행복을 맛볼 수 있듯이, 우리가 교회의 구성원으로서 예배, 교육, 전도, 교제, 봉사활동에 적극적으로 참여해야 행복을 맛볼 수 있습니다. 건강치 못한 가정에서 자라면 '역기능적 성인아이'가 되듯이, 건강치 못한 교회에서 자라면 '역기능적 그리스도인'이 됩니다. 저희 교회는 건강하고 행복한 교회이기에 성도님의 신앙생활 역시 건강하고 행복할 것을 확신합니다.

congratulations!

온가족튼튼양육

과정수료를 축하드립니다

'D3전도중심제자훈련'의 양육확신과정을 마치시느라 수고 많이 하셨습니다. 신앙의 성장을 위하여 다음과 같이 권면을 드립니다.

1. 지속적인 양육과 제자훈련을 받아야 합니다.
 학생이 계속해서 상급학교에 진학하듯이, 신앙의 성장을 위해서는 지속적인 양육훈련을 받아야 합니다. 저희 교회에서는 '온가족튼튼양육' 과정을 마치신 분들을 위하여 그 다음 단계로 '파워8확신'과 '스피드제자만들기' 과정을 준비하고 있습니다. 꼭 참여하셔서 신앙의 큰 진보를 이루시기 바랍니다.

2. 교회의 모든 예배에 적극 참여해야 합니다.
 교회의 모든 예배는 하나님께서 성도님에게 은혜를 베푸시기 위해서 준비하신 것입니다. 그렇기 때문에 주일예배는 기본이고, 그 밖의 예배에도 적극적으로 참여해야 합니다.

3. 소그룹 모임(구역, 셀, 목장)에 적극적으로 참여해야 합니다.
 주일 낮 예배로 만족하면 안 됩니다. 소그룹 모임에도 참여해야 합니다. 소그룹은 서로 한 가족임을 느끼게 해 주는 섬김과 나눔의 공동체입니다. 대그룹 모임에서 전혀 느끼고 맛볼 수 없는 주님의 사랑을 경험할 수 있습니다.

4. 당신은 자랑스러운 평신도 사역자입니다.
 "시작이 반이다"라는 말이 있습니다. 이미 본 과정을 마치셨기 때문에 다음 단계도 충분히 잘 하실 수 있을 것입니다. 끝까지 훈련을 잘 받으셔서 주님의 제자가 되고 주님께 크게 쓰임을 받는 평신도 사역자가 되시기를 축복합니다.